配有知识点和案例　　便于学习和理解

U0862510

信访工作条例

学习宣传本

★双色大字本·普及本★

中国法制出版社
CHINA LEGAL PUBLISHING HOUSE

出版说明

信访工作是党的群众工作的重要组成部分，是了解社情民意的重要窗口。《信访工作条例》（以下简称《条例》）以习近平新时代中国特色社会主义思想为指导，深入贯彻习近平总书记关于加强和改进人民信访工作的重要思想，总结党长期以来领导和开展信访经验特别是党的十八大以来信访工作制度改革成果，坚持和加强党对信访工作的全面领导，理顺信访工作体制机制，是新时代信访工作的基本遵循。

《条例》2022年1月24日中共中央政治局会议审议批准，2022年2月25日中共中央、国务院发布，自2022年5月1日起施行。为利于学习和宣传《条例》，在全社会营造办事依法、遇事找法、解决问题用法、化解矛盾靠法的良好环境，特推出此学习宣传本。

本书具有如下特点：

一是配上了知识点和案例，以便更好地普及条例。

二是采用了大字版式，以便读者更好地学习和使用。

三是条文增加了条旨，以便读者更好地阅读和理解。

四是采用了双色印制，给读者带来更好的阅读体验。

目录

信访工作条例

第四章　信访事项的办理 / 24

信访工作条例

（2022年1月24日中共中央政治局会议审议批准
2022年2月25日中共中央、国务院发布）

第一章　总　　则

第一条【立法目的】[1] 为了坚持和加强党对信访工作的全面领导，做好新时代信访工作，保持党和政府同人民群众的密切联系，制定本条例。

第二条【适用范围】本条例适用于各级党的机关、人大机关、行政机关、政协机关、监察机关、审判机关、检察机关以及群团组织、国有企事业单位等开展信访工作。

知识点：明确了信访工作条例的适用范围

本条例明确规定了其适用于各级党的机关、人大机关、行政机关、政协机关、监察机关、审判机关、检察机关以及群团组织、国有企事业单位等开展信访工作（第二条）。坚持和加强了党对信访工作的全面领

① 本书中的条文主旨均为编者所加，仅供读者参考检索。

导，理顺了信访工作体制机制，构建了党委统一领导、政府组织落实、信访工作联席会议协调、信访部门推动、各方齐抓共管的信访工作格局（第七条）。

第三条【信访工作重要意义】信访工作是党的群众工作的重要组成部分，是党和政府了解民情、集中民智、维护民利、凝聚民心的一项重要工作，是各级机关、单位及其领导干部、工作人员接受群众监督、改进工作作风的重要途径。

第四条【指导思想】信访工作坚持以马克思列宁主义、毛泽东思想、邓小平理论、“三个代表”重要思想、科学发展观、习近平新时代中国特色社会主义思想为指导，贯彻落实习近平总书记关于加强和改进人民信访工作的重要思想，增强“四个意识”、坚定“四个自信”、做到“两个维护”，牢记为民解难、为党分忧的政治责任，坚守人民情怀，坚持底线思维、法治思维，服务党和国家工作大局，维护群众合法权益，化解信访突出问题，促进社会和谐稳定。

第五条【信访工作原则】信访工作应当遵循下列原则：

（一）坚持党的全面领导。把党的领导贯彻到信访工作各方面和全过程，确保正确政治方向。

（二）坚持以人民为中心。践行党的群众路线，倾听群众呼声，关心群众疾苦，千方百计为群众排忧解难。

（三）坚持落实信访工作责任。党政同责、一岗双责，属地管理、分级负责，谁主管、谁负责。

（四）坚持依法按政策解决问题。将信访纳入法治化轨道，依法维护群众权益、规范信访秩序。

（五）坚持源头治理化解矛盾。多措并举、综合施策，着力点放在源头预防和前端化解，把可能引发信访问题的矛盾纠纷化解在基层、化解在萌芽状态。

知识点：丰富了信访工作原则的内涵

信访工作要求践行以人民为中心的发展思想，把党中央关于信访工作的方针政策和决策部署落到实处。具体应当遵循的原则包括：一、坚持党的全面领导（第五条第一项）；二、坚持以人民为中心（第五条第二项）；三、坚持落实信访工作责任（第五条第三项）；四、坚持依法按政策解决问题（第五条第四项）；五、坚持源头治理化解矛盾（第五条第五项）。

案例 1

在某市信访局的会议室里，一场特别的会议正在召开，讨论的是一桩网吧被查封的纠纷，信访人吴女士认为自己的合法权益受到了侵害，但执法部门认为他们是照章办事，双方多年无法达成一致。

某市在市级信访工作联席会议的框架下成立了重点信访案件审核委员会，由信访部门负责人、相关职能部门负责人组成，聘请法律、规划、自然资源、人力资源、社保等领域的专家学者担任顾问列席会议。针对长期未能解决的“骨头案”，与会人员审核信访案件的处理情况是否符合“三到位一处理”标准，然后根据审核结果督促相关职能部门开展下一步工作。经过专门的审核委员会对案件审核和充分的讨论，会议认为该案办理工作没有达到结案标准，于是要求相关部门补充调查吴女士的诉求，并详细了解此前的执法工作是否存在瑕疵。

评析

过去，结案但是事情没有得到有效解决的难题长期困扰地方信访工作；如今，某市设立专门审核委员会的改革拓展了信访工作的理念和职责定位，信访部门不仅仅是“二传手”，而是向职能型部门转变，整体纳入了社会治理能力现代化的谋划和设计中。更重要的是，信访部门还要在基层治理方面创新工作方式，争取从源头上化解群众矛盾。

第六条【信访工作要求】各级机关、单位应当畅通信访渠道，做好信访工作，认真处理信访事项，倾听人民群众建议、意见和要求，接受人民群众监督，为人民群众服务。

第二章　信访工作体制

第七条【信访工作格局】坚持和加强党对信访工作的全面领导，构建党委统一领导、政府组织落实、信访工作联席会议协调、信访部门推动、各方齐抓共管的信访工作格局。

第八条【党中央统一领导】党中央加强对信访工作的统一领导：

（一）强化政治引领，确立信访工作的政治方向和政治原则，严明政治纪律和政治规矩；

（二）制定信访工作方针政策，研究部署信访工作中事关党和国家工作大局、社会和谐稳定、群众权益保障的重大改革措施；

（三）领导建设一支对党忠诚可靠、恪守为民之责、善做群众工作的高素质专业化信访工作队伍，为信访工作提供组织保证。

第九条【地方党委领导本地区信访工作】地方党委领导本地区信访工作，贯彻落实党中央关于信访工作的方针政策和决策部署，执行上级党组织关于信访工作的部署要求，统筹信访工作责任体系构建，支持和督促下级党组织做好信访工作。

地方党委常委会应当定期听取信访工作汇报，分析形势，部署任务，研究重大事项，解决突出问题。

第十条【各级政府依法履行信访工作职责】各级政府贯彻落实上级党委和政府以及本级党委关于信访工作的部署要求，科学民主决策、依法履行职责，组织各方力量加强矛盾纠纷排查化解，及时妥善处理信访事项，研究解决政策性、群体性信访突出问题和疑难复杂信访问题。

案例 2

某镇村民戴某想办理分户，却因为材料准备不全，土地部门不予盖章，不懂政策的戴某认为工作人员有意刁难，起了信访的念头。村里网格员发现这一情况，立刻上门调解，但气头上的戴某不为所动。信访办工作人员立即协调社区、自然资源所工作人员现场办公，并把当事人戴某请到办公室，详细讲解哪些材料需要填写并补齐。很快，戴某拿着盖好章的材料满意而归。一件可能引发信访矛盾的纠纷被及时化解。

这是基层日常调解矛盾纠纷中最常见的小事，也是某镇探索第一时间掌握线索并跟进化解的“112”工作法的一个实例。据介绍，“112”工作法，即村内矛盾纠纷当即调处，社区内矛盾纠纷当日调处，镇内矛盾纠纷两日内调处。

评析

某镇的探索是基层社会治理的有益探索。将矛盾纠纷化解在基层，基本实现“一般问题村内化解、复杂问题社区办理、疑难问题镇级联席会议研究解决”的信访工作新机制、新模式，既让百姓暖心，又避免了一些纠纷转化为信访矛盾。

第十一条【中央信访工作联席会议职责及组成】中央信访工作联席会议在党中央、国务院领导下，负责全国信访工作的统筹协调、整体推进、督促落实，履行下列职责：

（一）研究分析全国信访形势，为中央决策提供参考；

（二）督促落实党中央关于信访工作的方针政策和决策部署；

（三）研究信访制度改革和信访法治化建设重大问题和事项；

（四）研究部署重点工作任务，协调指导解决具有普遍性的信访突出问题；

（五）领导组织信访工作责任制落实、督导考核等工作；

（六）指导地方各级信访工作联席会议工作；

（七）承担党中央、国务院交办的其他事项。

中央信访工作联席会议由党中央、国务院领导同志以及有关部门负责同志担任召集人，各成员单位负责同志参加。中央信访工作联席会议办公室设在国家信访局，承担联席会议的日常工作，督促检查联席会议议定事项的落实。

知识点：明确了信访工作联席会议的职责

中央信访工作联席会议由党中央、国务院领导同志以及有关部门负责同志担任召集人，各成员单位负责同志参加。中央信访工作联席会议办公室设在国家信访局，承担联席会议的日常工作，督促检查联席会议议定事项的落实。中央信访工作联席会议的主要职责包括：一、研究分析全国信访形势，为中央决策提供参考；二、督促落实党中央关于信访工作的方针政策和决策部署；三、研究信访制度改革和信访法治化建设重大问题和事项；四、研究部署重点工作任务，协调指导解决具有普遍性的信访突出问题；五、领导组织信访工作责任制落实、督促考核等工作；六、指导地方各级信访工作联席会议工作；七、承担党中央、国务院交办的其他事项（第十一条）。地方各级信访工作联席会议在本级党委和政府领导下，负责本地区信访工作的统筹协调、整体推进、督促落实，协调处理发生在本地区的重要信访问题，指导下级信访工作联席会议工作。联席会议召集人一般由党委和政府负责同志担任（第十三条第一款）。

第十二条【中央信访工作联席会议召开及要求】中央信访工作联席会议根据工作需要召开全体会议或者工作会议。研究涉及信访工作改革发展的重大问题和重要信访事项的处理意见，应当及时向党中央、国务院请示报告。

中央信访工作联席会议各成员单位应当落实联席会议确定的工作任务和议定事项，及时报送落实情况；及时将本领域重大敏感信访问题提请联席会议研究。

第十三条【地方各级信访工作联席会议职责及工作机制】地方各级信访工作联席会议在本级党委和政府领导下，负责本地区信访工作的统筹协调、整体推进、督促落实，协调处理发生在本地区的重要信访问题，指导下级信访工作联席会议工作。联席会议召集人一般由党委和政府负责同志担任。

地方党委和政府应当根据信访工作形势任务，及时调整成员单位，健全规章制度，建立健全信访信息分析研判、重大信访问题协调处理、联合督查等工作机制，提升联席会议工作的科学化、制度化、规范化水平。

根据工作需要，乡镇党委和政府、街道党工委和办事处可以建立信访工作联席会议机制，或者明确党政联席会定期研究本地区信访工作，协调处理发生在本地区的重要信访问题。

第十四条【各级党委和政府信访部门职责】各级党委和政府信访部门是开展信访工作的专门机构，履行下列职责：

（一）受理、转送、交办信访事项；

（二）协调解决重要信访问题；

（三）督促检查重要信访事项的处理和落实；

（四）综合反映信访信息，分析研判信访形势，为党委和政府提供决策参考；

（五）指导本级其他机关、单位和下级的信访工作；

（六）提出改进工作、完善政策和追究责任的建议；

（七）承担本级党委和政府交办的其他事项。

各级党委和政府信访部门以外的其他机关、单位应当根据信访工作形势任务，明确负责信访工作的机构或者人员，参照党委和政府信访部门职责，明确相应的职责。

知识点：明确各级党委和政府信访部门工作职责，增加兜底条款

第一，明确各级党委和政府信访部门是开展信访工作的专门机构；第二，对各级党委和政府信访部门应履行的职责进行了梳理，分为七大项进行了规定，其中对重要信访事项，不仅要督促检查其处理，还包括落实环节（第十四条第一款第三项）；第三，强调综合反映信访信息，分析研判信访形势，为党委和政府提供决策参考（第十四条第一款第四项）；第四，除提出改进工作、完善政策的建议，还应提出追究责任的建议（第十四条第一款第六项）；第五，增加兜底条款，即“承担本级党委和政府交办的其他事项”（第十四条第一款第七项）。

案例 3

某区一位 70 多岁的退休民办老教师来到联合接访中心，诉说自己有 20 多年工龄但退休时没有得到满意的补偿。联合接访中心工作人员认真地看了老人的档案、落实政策的文件等材料，又耐心询问了一些情况，知道了事情的原委。依据当时的政策，老人的补偿款是合理合规的，但老人还是觉得不满意。老人前前后后来了四五次，每一次工作人员都把相关政策详细地给他解释一遍，并告诉他如果生活困难，还可以帮他申请救助。经过几次交流后，老人被联合接访中心工作人员专业的精神和耐心谦虚的态度所感动，最终决定不再信访了，并感谢联合接访中心工作人员用真情打开了他十几年的心结。

评析

受理信访事项是各级党委和政府信访部门的法定职责。案例中，联合接访中心的工作人员认真履行工作职责，对信访人提出的信访事项及时受理，通过情绪疏导和合理解释把信访人的心结打开，及时有效地化解了矛盾纠纷。

第十五条【其他机关、单位职责】各级党委和政府以外的其他机关、单位应当做好各自职责范围内的信访工作，按照规定及时受理办理信访事项，预防和化解政策性、群体性信访问题，加强对下级机关、单位信访工作的指导。

各级机关、单位应当拓宽社会力量参与信访工作的制度化渠道，发挥群团组织、社会组织和“两代表一委员”、社会工作者等作用，反映群众意见和要求，引导群众依法理性反映诉求、维护权益，推动矛盾纠纷及时有效化解。

乡镇党委和政府、街道党工委和办事处以及村（社区）“两委”应当全面发挥职能作用，坚持和发展新时代“枫桥经验”，积极协调处理化解发生在当地的信访事项和矛盾纠纷，努力做到小事不出村、大事不出镇、矛盾不上交。

知识点：其他机关、单位也应明确相应职责，做好信访相关工作

根据《信访工作条例》，各级党委和政府信访部门是开展信访工作的专门机构，但各级党委和政府信访部门以外的其他机关、单位对信访工作也要担负相应职责，做好有关工作：首先，其他各级机关、单位应当根据信访工作形势任务，明确负责信访工作的机构或者人员，明确相应职责（第十四条第二款）；其次，其他各级机关、单位应当做好各自职责范围内的信访工作，按照规定及时受理办理信访事项，预防和化解政策性、群体性信访问题（第十五条第一款）；最后，其他各级机关、单位应当拓宽社会力量参与信访工作的制度化渠道，发挥群团组织、社会组织和“两代表一委员”、社会工作者等作用，及时有效化解矛盾纠纷（第十五条第二款）。

案例 4

信访工作，事关社会的和谐稳定，事关人民群众的切身利益。为了更好地为群众排忧解难，让群众的获得感、幸福感不断得到提升，某区信访办创新性地搭建了“百姓说事”平台，把信访办搬到了群众家门

口，将有关部门领导干部集中起来与信访群众“面对面”交流，便于群众提出诉求和共同在现场找到解决方案，由此打开了信访群众的倾诉之门。“百姓说事”平台不仅有利于信访群众合法合理的诉求得到解决，也有助于提高干部的办事效率，激发“两代表一委员”、律师、老干部、老党员等社会力量参与的积极性，有数万余名群众代表参加说事，解决了各类群众反映的大量民生问题。

评析

各级机关、单位应当拓宽社会力量参与信访工作的制度化渠道，发挥群团组织、社会组织和“两代表一委员”、社会工作者等作用，推动矛盾纠纷及时有效化解。案例中，信访办积极发挥职责，全心为民，把群众之事当家事，用心用情为群众排忧解难，激发多方社会力量参与的积极性，提高了信访事项的化解率。

第十六条【信访工作建设及保障】各级党委和政府应当加强信访部门建设，选优配强领导班子，配备与形势任务相适应的工作力量，建立健全信访督查专员制度，打造高素质专业化信访干部队伍。各级党委和政府信访部门主要负责同志应当由本级党委或者政府副秘书长〔办公厅（室）副主任〕兼任。

各级党校（行政学院）应当将信访工作作为党性教育内容纳入教学培训，加强干部教育培训。

各级机关、单位应当建立健全年轻干部和新录用干部到信访工作岗位锻炼制度。

各级党委和政府应当为信访工作提供必要的支持和保障，所需经费列入本级预算。

知识点：加强信访工作建设与保障

对加强信访工作建设，《信访工作条例》从四个方面进行了明确。首先，各级党委和政府应当加强信访部门建设，选优配强领导班子，建立健全信访督查专员制度，打造高素质专业化信访干部队伍（第十六条第一款）；其次，各级党校（行政学院）应当将信访工作作为党性教育内容纳入教学培训（第十六条第二款）；再次，各级机关、单位应当建立健全年轻干部和新录用干部到信访工作岗位锻炼制度（第十六条第三款）；最后，各级党委和政府应为信访工作提供必要支持和保障，所需经费列入本级经费（第十六条第四款）。

第三章　信访事项的提出和受理

第十七条【信访形式及信访人】公民、法人或者其他组织可以采用信息网络、书信、电话、传真、走访等形式，向各级机关、单位反映情况，提出建议、意见或者投诉请求，有关机关、单位应当依规依法处理。

采用前款规定的形式，反映情况，提出建议、意见或者投诉请求的公民、法人或者其他组织，称信访人。

第十八条【信访相关事项公开与联合接访工作机制】各级机关、单位应当向社会公布网络信访渠道、通信地址、咨询投诉电话、信访接待的时间和地点、查询信访事项处理进展以及结果的方式等相关事项，在其信访接待场所或者网站公布与信访工作有关的党内法规和法律、法规、规章，信访事项的处理程序，以及其他为信访人提供便利的相关事项。

各级机关、单位领导干部应当阅办群众来信和网上信访、定期接待群众来访、定期下访，包案化解群众反映强烈的突出问题。

市、县级党委和政府应当建立和完善联合接访工作机制，根据工作需要组织有关机关、单位联合接待，一站式解决信访问题。

任何组织和个人不得打击报复信访人。

知识点：进一步畅通信访渠道

《信访工作条例》对进一步畅通信访渠道进行了细化。首先，要求各级机关、单位向社会公布网络信访渠道、通信地址、咨询投诉电话、信访接待的时间和地点、查询信访事项处理进展以及结果的方式等相关事项，在信访接待场所或网站公布信访相关党内法规和法律、法规、规章，信访事项的处理流程，以及其他为信访人提供便利的相关事项（第十八条第一款）；其次，对各级机关、单位领导干部提出要求，应当阅办群众来信和网上信访、定期接待群众来访、定期下访，明确信访工作领导包案制度（第十八条第二款）；再次，要求建立、完善联合接访工作机制，根据工作需要组织联合接待，一站式解决信访问题（第十八条第三款）；最后，规定任何组织和个人不得打击报复信访人（第十八条第四款）。

第十九条【提出信访事项具体要求】信访人一般应当采用书面形式提出信访事项，并载明其姓名（名称）、住址和请求、事实、理由。对采用口头形式提出的信访事项，有关机关、单位应当如实记录。

信访人提出信访事项，应当客观真实，对其所提供材料内容的真实性负责，不得捏造、歪曲事实，不得诬告、陷害他人。

信访事项已经受理或者正在办理的，信访人在规定期限内向受理、办理机关、单位的上级机关、单位又提出同一信访事项的，上级机关、单位不予受理。

第二十条【走访形式及有关要求】信访人采用走访形式提出信访事项的，应当到有权处理的本级或者上一级机关、单位设立或者指定的接待场所提出。

信访人采用走访形式提出涉及诉讼权利救济的信访事项，应当按照法律法规规定的程序向有关政法部门提出。

多人采用走访形式提出共同的信访事项的，应当推选代表，代表人数不得超过 5 人。

各级机关、单位应当落实属地责任，认真接待处理群众来访，把问题解决在当地，引导信访人就地反映问题。

第二十一条【信访工作信息化、智能化建设】各级党委和政府应当加强信访工作信息化、智能化建设，依规依法有序推进信访信息系统互联互通、信息共享。

各级机关、单位应当及时将信访事项录入信访信息系统，使网上信访、来信、来访、来电在网上流转，方便信访人查询、评价信访事项办理情况。

第二十二条【各级党委和政府信访部门信访事项处理方式】各级党委和政府信访部门收到信访事项，应当予以登记，并区分情况，在15日内分别按照下列方式处理：

（一）对依照职责属于本级机关、单位或者其工作部门处理决定的，应当转送有权处理的机关、单位；情况重大、紧急的，应当及时提出建议，报请本级党委和政府决定。

（二）涉及下级机关、单位或者其工作人员的，按照“属地管理、分级负责，谁主管、谁负责”的原则，转送有权处理的机关、单位。

（三）对转送信访事项中的重要情况需要反馈办理结果的，可以交由有权处理的机关、单位办理，要求其在指定办理期限内反馈结果，提交办结报告。

各级党委和政府信访部门对收到的涉法涉诉信件，应当转送同级政法部门依法处理；对走访反映涉诉问题的信访人，应当释法明理，引导其向有关政法部门反映问题。对属于纪检监察机关受理的检举控告类信访事项，应当按照管理权限转送有关纪检监察机关依规依纪依法处理。

第二十三条【其他机关、单位处理信访事项的方式、要求】党委和政府信访部门以外的其他机关、单位收到信访人直接提出的信访事项，应当予以登记；对属于本机关、单位职权范围的，应当告知信访人接收情况以及处理途径和程序；对属于本系统下级机关、单位职权范围的，应当转送、交办有权处理的机关、单位，并告知信访人转送、交办去向；对不属于本机关、单位或者本系统职权范围的，应当告知信访人向有权处理的机关、单位提出。

对信访人直接提出的信访事项，有关机关、单位能够当场告知的，应当当场书面告知；不能当场告知的，应当自收到信访事项之日起 15 日内书面告知信访人，但信访人的姓名（名称）、住址不清的除外。

对党委和政府信访部门或者本系统上级机关、单位转送、交办的信访事项，属于本机关、单位职权范围的，有关机关、单位应当自收到之日起 15 日内书面告知信访人接收情况以及处理途径和程序；不属于本机关、单位或者本系统职权范围的，有关机关、单位应当自收到之日起5个工作日内提出异议，并详细说明理由，经转送、交办的信访部门或者上级机关、单位核实同意后，交还相关材料。

政法部门处理涉及诉讼权利救济事项、纪检监察机关处理检举控告事项的告知按照有关规定执行。

第二十四条【涉多个单位信访事项的协商受理、协调处理】涉及两个或者两个以上机关、单位的信访事项，由所涉及的机关、单位协商受理；受理有争议的，由其共同的上一级机关、单位决定受理机关；受理有争议且没有共同的上一级机关、单位的，由共同的信访工作联席会议协调处理。

应当对信访事项作出处理的机关、单位分立、合并、撤销的，由继续行使其职权的机关、单位受理；职责不清的，由本级党委和政府或者其指定的机关、单位受理。

第二十五条【重大、紧急信访事项处理要求】各级机关、单位对可能造成社会影响的重大、紧急信访事项和信访信息，应当及时报告本级党委和政府，通报相关主管部门和本级信访工作联席会议办公室，在职责范围内依法及时采取措施，防止不良影响的产生、扩大。

地方各级党委和政府信访部门接到重大、紧急信访事项和信访信息，应当向上一级信访部门报告，同时报告国家信访局。

第二十六条【信访人的禁止行为】信访人在信访过程中应当遵守法律、法规，不得损害国家、社会、集体的利益和其他公民的合法权利，自觉维护社会公共秩序和信访秩序，不得有下列行为：

（一）在机关、单位办公场所周围、公共场所非法聚集，围堵、冲击机关、单位，拦截公务车辆，或者堵塞、阻断交通；

（二）携带危险物品、管制器具；

（三）侮辱、殴打、威胁机关、单位工作人员，非法限制他人人身自由，或者毁坏财物；

（四）在信访接待场所滞留、滋事，或者将生活不能自理的人弃留在信访接待场所；

（五）煽动、串联、胁迫、以财物诱使、幕后操纵他人信访，或者以信访为名借机敛财；

（六）其他扰乱公共秩序、妨害国家和公共安全的行为。

第四章　信访事项的办理

第二十七条【信访事项处理的总体要求】各级机关、单位及其工作人员应当根据各自职责和有关规定，按照诉求合理的解决问题到位、诉求无理的思想教育到位、生活困难的帮扶救助到位、行为违法的依法处理的要求，依法按政策及时就地解决群众合法合理诉求，维护正常信访秩序。

案例 5

某镇村民因征地补偿安置问题多次到省政府门前集体信访。其间，省信访局专门向区委、区政府发函督办并提出明确的工作建议，但问题始终没有得到妥善处理。其后，该村村民 20 多人再次到省政府门前集体信访。针对某镇有关人员在处置应对村民多次越级集体信访问题中存在的重视程度不够、矛盾排查不细、工作不深入、化解措施落实不到位等问题，区纪委监委启动追责问责程序，对某镇党委副书记张某、村委会主任马某给予党内警告处分。

评析

各级机关、单位及其工作人员应当根据各自职责和有关规定，按照诉求合理的解决问题到位、诉求无理的思想教育到位、生活困难的帮扶救助到位、行为违法的依法处理的要求，依法按政策及时就地解决群众合法合理诉求，维护正常信访秩序。

第二十八条【办理信访事项的工作要求与回避】各级机关、单位及其工作人员办理信访事项，应当恪尽职守、秉公办事，查明事实、分清责任，加强教育疏导，及时妥善处理，不得推诿、敷衍、拖延。

各级机关、单位应当按照诉讼与信访分离制度要求，将涉及民事、行政、刑事等诉讼权利救济的信访事项从普通信访体制中分离出来，由有关政法部门依法处理。

各级机关、单位工作人员与信访事项或者信访人有直接利害关系的，应当回避。

第二十九条【对信访人反映情况、提出建议意见类事项的办理】对信访人反映的情况、提出的建议意见类事项，有权处理的机关、单位应当认真研究论证。对科学合理、具有现实可行性的，应当采纳或者部分采纳，并予以回复。

信访人反映的情况、提出的建议意见，对国民经济和社会发展或者对改进工作以及保护社会公共利益有贡献的，应当按照有关规定给予奖励。

各级党委和政府应当健全人民建议征集制度，对涉及国计民生的重要工作，主动听取群众的建议意见。

知识点：有关工作人员要认真研究意见建议，走好群众路线

常怀对党忠诚意识，凝聚“以人民为中心”的价值追求。信访工作人员应当走好群众路线，把群众路线贯穿到信访工作当中。对于信访人反映的情况、提出的建议，相关机关、单位应当认真研究论证，对科学合理、具有现实可行性的建议应予以采纳或部分采纳，并予以回复（第二十九条第一款）。各级党委和政府应当健全人民建议征集制度，对涉及国计民生的重要工作，主动听取群众的意见建议（第二十九条第三款）。同时，在互联网更新换代的当代，学会走好网络群众路线，善于通过网络了解民意、凝聚民心、解决民情，细心听取意见建议，及时回复，使群众有更多的获得感。

第三十条【对信访人提出检举控告类事项的办理】对信访人提出的检举控告类事项，纪检监察机关或者有权处理的机关、单位应当依规依纪依法接收、受理、办理和反馈。

党委和政府信访部门应当按照干部管理权限向组织（人事）部门通报反映干部问题的信访情况，重大情况向党委主要负责同志和分管组织（人事）工作的负责同志报送。组织（人事）部门应当按照干部选拔任用监督的有关规定进行办理。

不得将信访人的检举、揭发材料以及有关情况透露或者转给被检举、揭发的人员或者单位。

知识点：依规依纪依法办理检举控告类事项

对于检举控告类信访材料的接受、受理和办理应当按照一定流程进行。首先，对于纪检监察机关或者有权处理的机关、单位，应当依规依纪依法接收材料、受理、办理和反馈。其次，依规进行通报、报送。根据具体检举情况，党委和政府信访部门应当按照干部管理权限，向组织部门或人事部门通报反映相关情况；重大情况应向党委主要负责同志和分管组织（人事）工作的负责同志报送。最后，应注意遵守信访工作纪律。不得将信访人的检举、揭发材料以及有关情况透露或直接转给被检举、揭发的人员或单位，如果泄露，按本条例第四十六条依规依纪依法处理。

第三十一条【对信访人提出申诉求决类事项的办理】对信访人提出的申诉求决类事项，有权处理的机关、单位应当区分情况，分别按照下列方式办理：

（一）应当通过审判机关诉讼程序或者复议程序、检察机关刑事立案程序或者法律监督程序、公安机关法律程序处理的，涉法涉诉信访事项未依法终结的，按照法律法规规定的程序处理。

（二）应当通过仲裁解决的，导入相应程序处理。

（三）可以通过党员申诉、申请复审等解决的，导入相应程序处理。

（四）可以通过行政复议、行政裁决、行政确认、行政许可、行政处罚等行政程序解决的，导入相应程序处理。

（五）属于申请查处违法行为、履行保护人身权或者财产权等合法权益职责的，依法履行或者答复。

（六）不属于以上情形的，应当听取信访人陈述事实和理由，并调查核实，出具信访处理意见书。对重大、复杂、疑难的信访事项，可以举行听证。

知识点：信访事项办理分类及处理方法

信访事项可分为三类：建议意见类、检举控告类和申诉求决类。这三类事件对应不同的办理流程。对建议意见类信访事项，有权处理的机关、单位应当认真研究论证，确定是否采纳并予以回复；反映的情况、提出的意见建议有突出贡献的，应当按照有关规定予以奖励（第二十九条第二款）。对检举控告类信访事项，纪检监察机关或者有权处理的机关、单位应当依规依纪依法接收、受理、办理和反馈（第三十条第一款）。对申诉求决类信访事项，应当区分情况，分别按照对应的方式进行处理（第三十一条）；确实无法对应相关方式的，信访工作人员应当听取信访人陈述事实和理由，并调查核实，出具信访处理意见书。另外，重大、复杂、疑难信访事项，可以举行听证（第三十一条第六项）。

第三十二条【信访处理意见书及督促执行、疏导教育工作】信访处理意见书应当载明信访人投诉请求、事实和理由、处理意见及其法律法规依据：

（一）请求事实清楚，符合法律、法规、规章或者其他有关规定的，予以支持；

（二）请求事由合理但缺乏法律依据的，应当作出解释说明；

（三）请求缺乏事实根据或者不符合法律、法规、规章或者其他有关规定的，不予支持。

有权处理的机关、单位作出支持信访请求意见的，应当督促有关机关、单位执行；不予支持的，应当做好信访人的疏导教育工作。

第三十三条【对申诉求决类事项的调解、和解】各级机关、单位在处理申诉求决类事项过程中，可以在不违反政策法规强制性规定的情况下，在裁量权范围内，经争议双方当事人同意进行调解；可以引导争议双方当事人自愿和解。经调解、和解达成一致意见的，应当制作调解协议书或者和解协议书。

案例 6

几个月前，陈某梅的丈夫在围观街道组织活动时意外摔倒，后经送往医院抢救无效死亡。陈某梅认为街道有责任，于是开始信访，要求给予赔偿。陆大姐是街道的一名人民调解员，了解情况后去到陈某梅家调解。陈某梅认为其丈夫之死是街道的责任，应当由街道赔偿。陆大姐先是向陈某梅“摆事实”，说明事发时的情况与公安调查结果，然后给陈某梅“讲道理”，讲明这样信访是不讲道理的，也不会有结果，再这样下去连调解员也帮不了她。陈某梅听后终于冷静下来，陆大姐适时抛出“橄榄枝”，劝导陈某梅接受调解，在政策范围内为其改善生活。陈某梅冷静下来想明白后，接受了调解。

评析

陆大姐在长期实践中总结了一套调解方法，归纳起来就是“刚柔并济”四个字。她说，调解矛盾纠纷，首先要找准解决问题的切入口，对无理诉求要毫不留情予以批评；同时，对当事人遇到的困境和难处，要感同身受地帮他们想办法。这样就能争取主动，事半功倍。

第三十四条【出具信访处理意见书的办理期限】对本条例第三十一条第六项规定的信访事项应当自受理之日起60日内办结；情况复杂的，经本机关、单位负责人批准，可以适当延长办理期限，但延长期限不得超过30日，并告知信访人延期理由。

第三十五条【请求复查及复查意见】信访人对信访处

理意见不服的，可以自收到书面答复之日起30日内请求原办理机关、单位的上一级机关、单位复查。收到复查请求的机关、单位应当自收到复查请求之日起30日内提出复查意见，并予以书面答复。

第三十六条【请求复核及复核意见】信访人对复查意见不服的，可以自收到书面答复之日起30日内向复查机关、单位的上一级机关、单位请求复核。收到复核请求的机关、单位应当自收到复核请求之日起30日内提出复核意见。

复核机关、单位可以按照本条例第三十一条第六项的规定举行听证，经过听证的复核意见可以依法向社会公示。听证所需时间不计算在前款规定的期限内。

信访人对复核意见不服，仍然以同一事实和理由提出投诉请求的，各级党委和政府信访部门和其他机关、单位不再受理。

第三十七条【社会矛盾纠纷多元预防调处化解原则】各级机关、单位应当坚持社会矛盾纠纷多元预防调处化解，人民调解、行政调解、司法调解联动，综合运用法律、政策、经济、行政等手段和教育、协商、疏导等办法，多措并举化解矛盾纠纷。

各级机关、单位在办理信访事项时，对生活确有困难的信访人，可以告知或者帮助其向有关机关或者机构依法申请社会救助。符合国家司法救助条件的，有关政法部门应当按照规定给予司法救助。

地方党委和政府以及基层党组织和基层单位对信访事项已经复查复核和涉法涉诉信访事项已经依法终结的相关信访人，应当做好疏导教育、矛盾化解、帮扶救助等工作。

知识点：注重多措并举化解矛盾纠纷与帮扶救助

《信访工作条例》在信访办理的过程中更注重多举措对社会矛盾的化解，并注重相应的帮扶救助。首先，各级机关、单位应当坚持社会矛盾纠纷多元预防调处化解，综合运用多种举措化解矛盾纠纷（第三十七条第一款）；其次，各乡镇党委和政府、街道党工委和办事处以及村（社区）“两委”应当全面发挥职能作用，坚持和发展新时代“枫桥经验”，积极协调处理信访事项和矛盾纠纷（第十五条第三款）；再次，对生活确有困难的信访人，符合国家司法救助条件的，有关政法部门应当按照规定给予司法救助（第三十七条第二款）；

最后，地方党委、政府及基层组织单位，对信访事项已复查复核、已依法终结的有关信访人，应继续做好疏导教育、矛盾化解、帮扶救助等工作（第三十七条第三款）。

第五章 监督和追责

第三十八条【对信访工作情况的督查】各级党委和政府应当对开展信访工作、落实信访工作责任的情况组织专项督查。

信访工作联席会议及其办公室、党委和政府信访部门应当根据工作需要开展督查，就发现的问题向有关地方和部门进行反馈，重要问题向本级党委和政府报告。

各级党委和政府督查部门应当将疑难复杂信访问题列入督查范围。

第三十九条【对信访工作情况的考核】各级党委和政府应当以依规依法及时就地解决信访问题为导向，每年对信访工作情况进行考核。考核结果应当在适当范围内通报，并作为对领导班子和有关领导干部综合考核评价的重要参考。

对在信访工作中作出突出成绩和贡献的机关、单位或者个人，可以按照有关规定给予表彰和奖励。

对在信访工作中履职不力、存在严重问题的领导班子和领导干部，视情节轻重，由信访工作联席会议进行约谈、通报、挂牌督办，责令限期整改。

第四十条【党委和政府信访部门对信访工作提出建议】党委和政府信访部门发现有关机关、单位存在违反信访工作规定受理、办理信访事项，办理信访事项推诿、敷衍、拖延、弄虚作假或者拒不执行信访处理意见等情形的，应当及时督办，并提出改进工作的建议。

对工作中发现的有关政策性问题，应当及时向本级党委和政府报告，并提出完善政策的建议。

对在信访工作中推诿、敷衍、拖延、弄虚作假造成严重后果的机关、单位及其工作人员，应当向有管理权限的机关、单位提出追究责任的建议。

对信访部门提出的改进工作、完善政策、追究责任的建议，有关机关、单位应当书面反馈采纳情况。

知识点：强化了信访工作的监督与考核

信访工作中的相关监督与考核，得到了进一步加强。首先，各级党委和政府应当对信访工作、落实信访工作责任的情况组织专项督查，各级党委和政府督查部门应当将疑难复杂信访问题列入督查范围（第三十八条第一款、第三款）；其次，各级党委和政府以依规依法及时就地解决信访问题为导向，每年对信访工作进行考核，并将结果在适当范围内通报，作为对领导班子和有关领导干部综合考核评价的重要参考（第三十九条第一款）；最后，党委和政府信访部门应当编制信访情况年度报告，每年向本级党委和政府、上一级党委和政府信访部门报告（第四十一条第一款）。

案例 7

某县某镇生态环境分局接到群众关于他人倾倒垃圾造成鱼池污染的信访举报后，认定此行为应由城市管理行政执法部门处理，因此作出不予受理的决定。一周后，该局收到某市生态环境局转来关于该问题的信访举报后，仍未开展调查，仅建议信访人向城市管理行政执法部门投诉，并出具不予受理告知书。其后，某县信访部门受理该问题，并组织督查，要求某镇生态环境分局给予相应处理。但该局仍以“信访人鱼池水体未受污染”“此次违法行为应由城市管理行政执法部门处理”为由不予受理，致使问题得不到解决，之后信访人不断信访。其后，某县纪委监委在全县范围内通报此问题，并对某镇生态环境分局局长刘某给予党内警告处分，对县环卫办主任侯某给予诫勉谈话。

评析

对于信访事项，有权处理的单位，应当认真履行职责，做好信访工作，认真处理信访事项。本案中，有关单位对信访举报不予受理，接到上级单位转来信访举报也未开展调查，此后信访部门督查并要求有关单位处理，仍不予受理，致使问题得不到解决，信访人不断信访。各级机关、单位及其工作人员应当高度重视党委和政府信访部门提出的建议，对党委和政府信访部门提出的改进工作的建议，应当认真研究，做好相关工作，并书面反馈采纳情况。

第四十一条【信访情况年度报告、向巡视巡察机构提供信访情况】党委和政府信访部门应当编制信访情况年度报告，每年向本级党委和政府、上一级党委和政府信访部门报告。年度报告应当包括下列内容：

（一）信访事项的数据统计、信访事项涉及领域以及被投诉较多的机关、单位；

（二）党委和政府信访部门转送、交办、督办情况；

（三）党委和政府信访部门提出改进工作、完善政策、追究责任建议以及被采纳情况；

（四）其他应当报告的事项。

根据巡视巡察工作需要，党委和政府信访部门应当向巡视巡察机构提供被巡视巡察地区、单位领导班子及其成员和下一级主要负责人有关信访举报，落实信访工作责任制，具有苗头性、倾向性的重要信访问题，需要巡视巡察工作关注的重要信访事项等情况。

第四十二条【对导致信访事项发生，造成严重后果情形的追责】因下列情形之一导致信访事项发生，造成严重后果的，对直接负责的主管人员和其他直接责任人员，依规依纪依法严肃处理；构成犯罪的，依法追究刑事责任：

（一）超越或者滥用职权，侵害公民、法人或者其他组织合法权益；

（二）应当作为而不作为，侵害公民、法人或者其他组织合法权益；

（三）适用法律、法规错误或者违反法定程序，侵害公民、法人或者其他组织合法权益；

（四）拒不执行有权处理机关、单位作出的支持信访请求意见。

第四十三条【对各级党委和政府信访部门失职的追责】各级党委和政府信访部门对收到的信访事项应当登记、转送、交办而未按照规定登记、转送、交办，或者应当履行督办职责而未履行的，由其上级机关责令改正；造成严重后果的，对直接负责的主管人员和其他直接责任人员依规依纪依法严肃处理。

第四十四条【对负有受理信访事项职责的机关、单位失职的追责】负有受理信访事项职责的机关、单位有下列情形之一的，由其上级机关、单位责令改正；造成严重后果的，对直接负责的主管人员和其他直接责任人员依规依纪依法严肃处理：

（一）对收到的信访事项不按照规定登记；

（二）对属于其职权范围的信访事项不予受理；

（三）未在规定期限内书面告知信访人是否受理信访事项。

第四十五条【对有权处理信访事项的机关、单位失职的追责】对信访事项有权处理的机关、单位有下列情形之一的，由其上级机关、单位责令改正；造成严重后果的，对直接负责的主管人员和其他直接责任人员依规依纪依法严肃处理：

（一）推诿、敷衍、拖延信访事项办理或者未在规定期限内办结信访事项；

（二）对事实清楚，符合法律、法规、规章或者其他有关规定的投诉请求未予支持；

（三）对党委和政府信访部门提出的改进工作、完善政策等建议重视不够、落实不力，导致问题长期得不到解决；

（四）其他不履行或者不正确履行信访事项处理职责的情形。

第四十六条【对有关单位及人员违规违纪违法行为的追责】有关机关、单位及其领导干部、工作人员有下列情形之一的，由其上级机关、单位责令改正；造成严重后果的，对直接负责的主管人员和其他直接责任人员依规依纪依法严肃处理；构成犯罪的，依法追究刑事责任：

（一）对待信访人态度恶劣、作风粗暴，损害党群干群关系；

（二）在处理信访事项过程中吃拿卡要、谋取私利；

（三）对规模性集体访、负面舆情等处置不力，导致事态扩大；

（四）对可能造成社会影响的重大、紧急信访事项和信访信息隐瞒、谎报、缓报，或者未依法及时采取必要措施；

（五）将信访人的检举、揭发材料或者有关情况透露、转给被检举、揭发的人员或者单位；

（六）打击报复信访人；

（七）其他违规违纪违法的情形。

知识点：完善了信访工作追责的情形

有关机关、单位及其领导干部、工作人员，在信访工作中有不当行为或造成严重后果的，会被责令改正或依规依纪依法严肃处理；构成犯罪的，依法追究刑事责任。《信访工作条例》对相关规定作了进一步细化完善，如：对待信访人态度恶劣、作风粗暴，损害党群干群关系的；在处理信访事项过程中吃拿卡要、谋取私利的；对规模性集体访、负面舆情等处置不力，导致事态扩大的（第四十六条第一、二、三项）；对党委和政府信访部门提出的改进工作、完善政策等建议重视不够、落实不力，导致问题长期得不到解决（第四十五条第三项）等。出现这些行为的，都会被追责。

案例 8

黄某通过网上信访渠道举报某市某镇某中学校长孟某存在挪用公款、收受贿赂等问题。某市信访局将该信访件转送至该市教育局，教育局信访干部夏某未按程序开展工作，当天私自把该信访件转给某镇某中学调查处理。之后，该校主管信访工作的副校长梅某在处理过程中透露了相关情况。黄某随即收到了自己举报信的照片，并不断接到要求撤销举报的短信和电话。信访人黄某对此非常不满，向某市多家部门进行反映。对此，某市纪委监委经过调查核实，依纪依法启动追责程序。对负有直接责任的夏某、孟某立案审查，并对梅某及负有领导责任的市教育局办公室主任彭某、某中学党总支书记王某等人进行了相应追责处理。

评析

办理信访工作的相关单位、人员应当严格遵守信访工作有关要求，保护信访人个人信息，不得将有关信访人的检举、揭发材料及有关情况透露或是转给被检举、揭发人员和单位。否则，会被依规依纪依法严肃处理；构成犯罪的，还将依法追究刑事责任。

第四十七条【对信访人违规违纪违法行为的追责】信访人违反本条例第二十条、第二十六条规定的，有关机关、单位工作人员应当对其进行劝阻、批评或者教育。

信访人滋事扰序、缠访闹访情节严重，构成违反治安管理行为的，或者违反集会游行示威相关法律法规的，由公安机关依法采取必要的现场处置措施、给予治安管理处罚；构成犯罪的，依法追究刑事责任。

信访人捏造歪曲事实、诬告陷害他人，构成违反治安管理行为的，依法给予治安管理处罚；构成犯罪的，依法追究刑事责任。

第六章　附　　则

第四十八条【涉外信访事项处理】对外国人、无国籍人、外国组织信访事项的处理，参照本条例执行。

第四十九条【解释机关】本条例由国家信访局负责解释。

第五十条【施行日期】本条例自 2022 年 5 月 1 日起施行。

图书在版编目（CIP）数据

信访工作条例学习宣传本 / 中国法制出版社编 .—
北京：中国法制出版社，2022.5
ISBN 978-7-5216-2580-6

Ⅰ.①信… Ⅱ.①中… Ⅲ.①信访工作-条例-基本知识-中国 Ⅳ.①D922.182.14

中国版本图书馆 CIP 数据核字（2022）第 042608 号

责任编辑：胡　艺　　封面设计：杨泽江

信访工作条例学习宣传本

XINFANG GONGZUO TIAOLI XUEXI XUANCHUANBEN

编者/中国法制出版社
经销/新华书店
印刷/北京海纳百川印刷有限公司
开本/850 毫米×1168 毫米　32 开　　印张/1.75　字数/19 千
版次/2022 年 5 月第 1 版　　2022 年 5 月第 4 次印刷

中国法制出版社出版
书号 ISBN 978-7-5216-2580-6　　定价：15.00 元

北京市西城区西便门西里甲 16 号西便门办公区
邮政编码：100053　　传真：010-63141600
网址：http://www.zgfzs.com　　编辑部电话：010-63141817
市场营销部电话：010-63141612　　印务部电话：010-63141606

（如有印装质量问题，请与本社印务部联系。）